Vente les 10, 11, 12 et 13 Mai 1865

CABINET

DE FEU

M. EUGÈNE TONDU

DESSINS & ESTAMPES

EXPOSITION PUBLIQUE :

Le Mardi 9 Mai 1865, de une heure à cinq heures

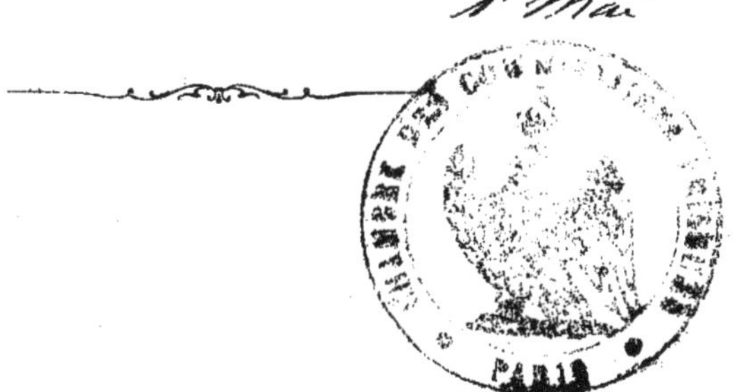

Me Ch. PILLET, Commissaire-Priseur

MM. FEBVRE et ROCHOUX

EXPERTS

PARIS. IMPRIMERIE DE PILLET FILS AINÉ
5, RUE DES GRANDS-AUGUSTINS.

CATALOGUE

DE

DESSINS

DES ÉCOLES

Italienne, Française et Hollandaise

ESTAMPES ANCIENNES & MODERNES

LIVRES SUR LES BEAUX-ARTS

Provenant du Cabinet de M. EUGÈNE TONDU

DONT LA VENTE AURA LIEU

APRÈS DÉCÈS

HOTEL DES COMMISSAIRES-PRISEURS, RUE DROUOT, 5

SALLE N° 4, AU 1er ÉTAGE

Les 10, 11, 12 et 13 Mai 1865

A UNE HEURE

Par le ministère de Me **CHARLES PILLET**, Commissaire-Priseur,
rue de Choiseul, 11,

Assisté de M. **FEBVRE**, Expert, rue Laffitte, 12,

Et de M. **ROCHOUX**, marchand d'estampes, quai de l'Horloge, 19,

Chez lesquels se trouve le présent Catalogue.

EXPOSITION PUBLIQUE

Le Mardi 9 Mai 1865, de une heure à cinq heures.

ORDRE DES VACATIONS

PREMIÈRE VACATION : MERCREDI 10 MAI 1865

DESSINS (Nos 1 à 199).

DEUXIÈME VACATION : JEUDI 11 MAI

DESSINS (Nos 200 à 400).

TROISIÈME VACATION : VENDREDI 12 MAI

DESSINS (Nos 401 à 473). — **ESTAMPES** (Nos 474 à 600).

QUATRIÈME VACATION : SAMEDI 13 MAI

ESTAMPES (Nos 601 à 762). — **LIVRES** (Nos 763 à 784).

CONDITIONS DE LA VENTE

Elle sera faite au comptant.

Les acquéreurs payeront, en sus des adjudications, *cinq pour cent*, applicables aux frais.

Paris. Imp. PILLET FILS AINÉ, rue des Grands-Augustins, 5.

DÉSIGNATION

DESSINS

1 **Adam** (Victor). 2 dessins.

2 **Albanne** (attribué à). Sujets mythologiques. 2 dessins.

3 **A. O. L.** École de Teniers. Joueurs et buveurs dans un cabaret, composition de sept figures. Dessin à la plume très-fini.

4 **Aubri**. Intérieur de famille villageoise, composition de six figures. Beau dessin lavé à l'encre de Chine.

5 — Un père irrité prenant sa fille par le bras et paraissant lui indiquer la porte. Joli dessin lavé de bistre.

6 **Baelen** (van). Réunion de femmes qui paraissent sortir du bain.

7 **Bandinelli** (Baccio). Une académie d'hommes. Dessin à la plume.

8 **Bar** (de). Composition de neuf figures. Joli dessin.

9 **Barbieri** dit **le Guerchin.** La Vierge avec l'Enfant-Jésus et saint Jean; jeune femme à mi-corps, écrivant. 2 beaux dessins.

10 — Paysages. 5 beaux dessins.

11 — Un paysage. Grand et beau dessin.

12 **Bardin**, 1776. Bacchant et bacchante dansant. 2 charmants dessins.

13 **Baroche** (Frédéric). Repos de sainte famille. Dessin à la plume.

14 **Baudouin.** Intérieur. L'on voit à gauche un lit dans lequel est couchée une jeune femme qui paraît endormie. Un jeune abbé précepteur, accompagné d'un élève, entre par une porte à droite, et semble émerveillé des charmes que laisse entrevoir la jolie dormeuse. Dessin des plus charmants et des mieux réussis du maître.

15 **Bega** (C.). Intérieur de cabaret, composition de cinq figures. L'on voit à gauche une femme les poings sur la hanche, et regardant avec stupéfaction son mari renversé ivre-mort. Dessin lavé à l'encre de Chine.

16 **Bella** (Ét. de la). Un carrousel. Fort joli dessin à la plume lavé de bistre.

17 **Berghem** (attribué à). Sommeil d'Adonis; une fileuse; études d'animaux. 3 dessins.

18 **Berghem** (école de). Paysage. On voit à gauche une femme montée sur un âne : un paysan portant sous le bras un mouton ; à droite un pont. Beau dessin.

19 **Béricourt**. Animaux savants. Dessin lavé et colorié à plusieurs tons.

20 **Bibiena**. Décoration de jardins; ornement; perspectives. 4 beaux dessins.

21 **Blarenberghe** (V.), 1762. Un marché; on voit sur le devant des marchandes de fruits aux prises. L'une d'elles a été renversée sans avoir lâché les cheveux de son adversaire. Beau dessin d'un très-grand nombre de figures, lavé de bistre. *Signé au bas, à gauche.*

22 **Blondel** fils (G.-F.). Vue du château des Tuileries, prise du côté du Manége; vue des galeries du Louvre du côté de la rivière, prise du côté du Pont-Royal; vue du péristyle du Louvre, an 1761. 3 grands et beaux dessins à la sanguine.

23 — Vue du château de Versailles du côté de l'Orangerie;

autre vue du même château du côté de l'appartement du roi. 2 grands et beaux dessins à la sanguine.

24 **Boilly.** Partie d'échecs au café Lemblin. Beau dessin lavé à l'encre de Chine.

25 **Boissieu** (J.-J. de), 1770. La porte d'Halincourt. Beau dessin lavé à l'encre de Chine.

26 — 1792. Au milieu du devant on voit une arche d'un pont, sous laquelle passe une rivière qui forme cascade sur le bas à droite. Beau dessin lavé à l'encre de Chine.

27 — Étude d'arbre. Une femme portant une charge sur le dos monte l'escalier d'un perron au bas duquel on voit une petite fille debout; paysage; on voit sur le devant une femme portant une cruche; ancienne porte de ville; paysage; on voit sur le devant, à droite, une femme montée sur un âne; ruines; paysage; on voit au milieu un pont d'une seule arche; paysage; on voit à gauche le mur très-élevé d'un ancien bâtiment situé sur le bord d'une rivière, et au bas un bateau avec tente couverte. 8 dessins lavés à l'encre de Chine. *Ce numéro pourra être divisé.*

28 — Un chat et un chien près d'un foyer. Joli dessin.

29 — Buste de vieille femme dirigé vers la gauche; elle est coiffée d'un bonnet recouvert d'une marmotte. Très-beau dessin.

30 **Boissieu** (attribué à). Étude d'arbre; paysages; une chèvre; un cheval sellé; croquis de figures, etc. 12 dessins.

31 **Boissieu** (manière de). Étude de têtes, parmi lesquelles on voit, vers le milieu, celle d'une jeune fille.

32 **Boucher** (François). Adoration des bergers. Très-beau dessin.

33 — Autre Adoration des bergers. A la sanguine.

34 — Descente de croix; on voit au bas, à gauche, la Vierge évanouie. Dessin à la sanguine.

35 — Tête de Christ; tête de vieillard. 2 dessins à plusieurs crayons.

36 — La Vierge debout, tenant dans ses bras l'Enfant-Jésus. On voit à droite un saint prosterné. Beau dessin.

37 — Buste de la vierge, la tête couverte d'une draperie. A plusieurs crayons.

38 — Saints en adoration devant la Vierge et l'Enfant-Jésus. Très-beau dessin.

39 — Une Magdeleine agenouillée, et baisant les pieds du Christ. Beau dessin.

40 **Boucher** (François). Vénus à laquelle l'Amour présente un fruit. Très-beau dessin à plusieurs crayons, rehaussé de blanc.

41 — Vénus à demi-couchée ayant près d'elle l'Amour. Charmant dessin à plusieurs crayons.

42 — Vénus assise sur une draperie où l'on voit des fleurs. Dessin des plus charmants.

43 — Vénus assise, tenant, d'une main une flèche, et de l'autre un carquois. Gracieux dessin à plusieurs crayons, rehaussé de blanc.

44 — Femme nue assise. Très-joli dessin à la sanguine.

45 — 1759. Deux nymphes couchées surprises par un satyre qu'un Amour veut repousser. Très-beau dessin à la sanguine signé au bas, à gauche.

46 — Famille de satyre. Charmant dessin au crayon, rehaussé de blanc.

47 — Tête d'ange; buste de jeune garçon. 2 charmants dessins à plusieurs crayons.

48 — Groupe de deux Amours. A la sanguine.

49 — L'Amour sur des nuages. A la sanguine.

50 — L'Amour assis. A plusieurs crayons.

51 **Boucher** (François). Un galant berger cherchant à attirer à lui une jeune fille à peine vêtue, comme à la sortie d'un bain.

52 — Buste de jeune fille ayant une rose au corsage. Charmant dessin à plusieurs crayons, rehaussé de blanc.

53 — Jeune femme debout portant un enfant sur son dos. Beau dessin au crayon, rehaussé de blanc.

54 — Jeune fille dans un parc ayant devant elle un livre ouvert. Joli dessin.

55 — Intérieur villageois; l'on voit à gauche une jeune femme, tenant un petit garçon debout devant elle; à côté un berceau vide. Joli dessin.

56 — Buste de jeune fille vue de profil. Charmant dessin à plusieurs crayons, rehaussé de blanc.

57 — Buste de jeune fille tournée vers la gauche. Charmant dessin à plusieurs crayons.

58 — Tête de jeune garçon. A la sanguine, rehaussé de blanc.

59 — Cariatides. 2 jolis dessins lavés à l'encre de Chine.

60 — Intérieur villageois. On voit à gauche une jeune femme debout, tenant un petit enfant; au milieu, une table

entourée d'enfants. Très-joli dessin lavé à l'encre de Chine.

61 **Boucher** (François). Études de femmes. Dessin à la sanguine, rehaussé de blanc.

62 — Études de quatre têtes. Un dessin.

63 — Dessin pour la Rodogune de Pierre Corneille A la sanguine.

64 — Jeune garçon assis; devant lui une étude de bras. Dessin à plusieurs crayons.

65 — Tête de satyre à droite; tête de jeune fille à gauche. Beau dessin à plusieurs crayons.

66 — Jeune fille debout respirant une fleur; jeune paysan portant un panier sous le bras. 2 dessins à la sanguine.

67 — Tête de jeune femme vue de profil, placée à gauche; en face, une étude de fleur. A la sanguine.

68 — Jeune garçon en buste. Dessin au crayon, rehaussé de blanc.

69 — Têtes de vieillards. 2 dessins.

70 — Paysages. 2 beaux dessins.

71 — Paysages. Dans l'un, au milieu, un puits avec poulie; dans l'autre on voit un pont. 2 beaux dessins.

72 **Boucher** (attribué à). Vénus entourée d'Amours.

73 — L'Ermitage. Deux jeunes filles venant de la gauche se dirigent vers un ermite que l'on voit à droite. Dessin à la plume lavé. — Étude de figure de jeune femme à gauche; à droite, motif d'ornement, etc. Dessin à la sanguine.

74 **Boucher** (manière de). Jeune femme en buste vue de profil. Dessin à la sanguine. On lit au bas du dessin : *Jeanne Vaubernier, comtesse du Barri.*

75 **Boucher** (école de). Partie de plaisir, composition d'un grand nombre de figures. Beau dessin à la sanguine.

76 — Et d'après lui. 7 dessins.

77 **Boulland**, architecte. Pose de la première pierre de l'abbaye royale de Jarcy, proche Brunoy, le 21 septembre 1780, par Monsieur, frère du roi. Joli dessin lavé et colorié à plusieurs tons.

78 **Bout et Bauduins**. Une fête de village, composition d'un grand nombre de figures. Dessin lavé à l'encre de Chine.

79 **Bradel** (chevalier de). Scènes militaires. Petit album de 14 dessins.

80 **Brebiette**. Bacchanale. A la sanguine.

81 **Breughel** (P.). Un port de pêche; Voyageurs rencontrant des mendiants. 2 dessins,

82 **Breughel** (P.). Un marché de village; intérieur de village. 2 dessins.

83 **Brouwer** (Adrien van). Intérieur de cabaret, composition de cinq figures, à la sanguine. Dessin très-spirituel.

84 **Buonarotti** (Michel-Ange). Études d'après ce maître. 16 dessins collés sur trois feuilles.

85 **Callot** (Jacques). Paysage; à gauche, un arbre au pied duquel on voit des chèvres; à droite un bateau. A la plume.

86 **Campion**. Paysages. 3 dessins lavés de bistre.

87 **Canu**. Médaillons de Louis XVI, Marie-Antoinette, du Dauphin et de Mme Élisabeth. Dans le haut, médaillon de Henri IV appuyé sur une urne funéraire. Lavé à l'encre de Chine.

88 **Caravage** (Polydore de). Un sacrifice; mascaron. 2 dessins.

89 **Caresme** (Ph.). Le cuvier, dessin pour un des contes de Lafontaine, lavé et colorié à plusieurs tons.

90 — Bacchanale. Beau dessin lavé de bistre.

91 **Carpentero**. Un bélier et deux moutons près d'un berger assis. Joli dessin.

92 **Carrache** (Annibal). Un ange emportant dans ses bras deux enfants endormis. Dessin allégorique. — L'on a joint la gravure de ce sujet par Bartolozzi.

93 **Carrache** (Annibal). Vision de saint François.

94 — Saintes femmes pleurant sur le corps du Christ; paysage. 2 dessins.

95 **Castiglione** (Benedette). Abraham chassant Agar. Beau dessin lavé à plusieurs tons.

96 — Animaux en marche; paysage. 2 dessins.

97 **Cats** (Jacob). Un paysage; sur le devant bûcheron coupant les branches d'un arbre abattu; autre paysage; sur le devant, à droite, un homme conduisant des bestiaux; vue d'un village. 3 jolis dessins.

98 **Chardin.** Jeune garçon debout, appuyé sur une table; jeune fille assise. 2 jolis dessins.

99 — Un personnage en bonnet de nuit. Il est assis, ayant une main étendue sur une table. A la sanguine.

100 **Charpentier.** Marchande de crême entourée de jeunes chalands. Joli dessin lavé à l'encre de Chine.

101 **Châtelet.** Intérieur de la ville d'Arbois; paysages. 4 dessins.

102 **Chazal.** Bataille d'après Raphaël. Dessin lavé à l'encre de Chine.

103 **Choffart** (manière de). Entourage pour un portrait de Mme Deshoulières; autre pour Buffon renfermant un portrait du personnage, gravé. 2 jolis dessins.

104 **Choiseul-Gouffier** (comte de), 1776. Dessiné d'après nature à Éphèse. Un dessin lavé à plusieurs tons.

105 **Cignani**. Jésus reçu par le Père éternel; Jésus assis près du Père; compositions d'un grand nombre de figures. 2 dessins lavés de bistre.

106 **Ciro Ferri**. L'Ange de la salutation en face de la Vierge. Beau dessin.

107 **Claas** (Alaert), XVIe siècle. Dessin de Gaîne avec sujet représentant la Mort s'emparant d'une jeune femme. A la plume.

108 **Clermont.** Jeux d'enfants; 2 jolies compositions. Jeune berger tenant deux oiseaux attachés par les pattes. 3 jolis dessins.

109 **Clodion**. Un vase. On voit sur le devant une bacchanale d'enfants. Charmant dessin.

110 **Cochin** fils, 1759. Buste de jeune femme dans un médaillon ovale. Charmant dessin à plusieurs crayons.

111 — Pierre Jeliotte, de l'Académie royale de musique; Cassanéa de Mondoville, maître de musique de la chapelle du roi; autre personnage. 3 jolis portraits de profil, médaillons ronds, au crayon.

112 — 1763. Louis XV à cheval recevant une couronne de la Renommée. Au crayon.

113 — Dessin pour une vignette; enfants se livrant à diverses expériences. 2 dessins.

114 **Cochin** (manière de). Le théâtre du monde où la folie préside. Dessin pour éventail, lavé et colorié à plusieurs tons.

115 — Portrait de Vaucanson. Dessin à la sanguine.

116 **Conca** (Sébastien). Composition d'un grand nombre de figures. Au fond, vers la gauche, on voit des danseurs. Beau dessin à la sanguine.

117 **Cortonne** (Pietro de). Frappement du rocher; plafond représentant Judith venant de couper la tête d'Holopherne. 2 dessins.

118 **Courtois** dit **le Bourguignon** (manière de). Combats de cavalerie. 2 beaux petits dessins lavés à l'encre de Chine.

119 **Crayer** (Gaspard de). Composition d'un grand nombre de figures. Dessin à la plume.

120 — Un saint évêque les yeux tournés vers le ciel et soutenu par deux anges. Une sainte famille attribuée à Rubens. 2 dessins.

121 **Cuyp** (attribué à). Vue d'un village. Sur le devant on voit un homme portant un panier.

122 **David de Marseille**. Paysages. 2 dessins.

123 **Decamps**. Des Chasseurs suivis de leurs chiens.

124 — Un paysage.

125 **Degaud**. L'Amour. 3 petits dessins montés sur une feuille.

126 **Delafosse**. Casques. 2 beaux dessins lavés et coloriés à plusieurs tons.

127 **Demarne**. Etudes d'animaux; paysage. 2 dessins.

128 **Desfriches**. Paysages. 4 dessins.

129 **Desprès**. Vue du Palais des Études au Musée de Naples, avec le transport des statues et antiquités d'Herculanum.

130 **Desrais** (manière de). Un escamoteur; un arracheur de dents; danse de l'ours; intérieur de cabaret. 4 dessins.

131 **Detroy** fils. Jeune femme debout. Joli dessin lavé de bistre.

132 **Deveria**. Louis XVIII à Saint-Germain l'Auxerrois.

133 **Divers**. Costumes dans la manière de Labelle; un vase sur une feuille avec divers croquis; un fronton; une marine. 5 dessins à la plume.

134 — Une fleur de Baptiste; autre de Guilbert; tentes chinoises de Pillement; vases par divers; râle d'eau par Newton Fielding, etc. 12 dessins.

135 — Chanteurs des rues, par Palmerius; Adoration de l'Enfant-Jésus, par Carle Maratte; Saint Philippe de

Néri à Naples, par Desprès; paysage, par Sarrazin; Marthe lavant les pieds du Christ, dans la manière de Restout, etc. 11 dessins.

136 **Divers**. Assomption, par Restout; danse dans un cabaret; un homme couché, etc. 8 dessins.

137 — Pan et Syriux; tête de christ; groupe de deux Amours, etc. 9 dessins.

138 — Marines, paysages. 13 dessins.

139 — Vignette, par C. Eisen; buste de jeune fille, attribué à la Rosalba; dessins de Casanova, etc. 7 dessins.

140 — Paysages de Paul Bril; Van Goyen; débarquement de marchandises, par Michau, etc. 9 dessins.

141 — Une Magdeleine de Palma; sainte Famille, attribuée au Parmesan; repos de sainte Famille, etc. 9 dessins.

142 — Etude de figure attribuée à Eustache Lesueur; Saint Joseph, de C. Vanloo; Scène mythologique de Samuel Bottschild, etc. 8 dessins.

143 — Allégorie, attribuée à Moreau jeune; chèvres dans un paysage; jeune paysan précédé d'une vache, attribué à Boissieu; conduite de troupes, par le comte de Saint-Aignan, etc. 13 dessins.

144 — Projet, par Perrault; intérieur d'une maison villageoise; port de mer, etc. 6 dessins.

2

145 **Divers.** Apparition d'anges portant les instruments du supplice; un saint tenant un crucifix et montrant le ciel, etc. 6 dessins.

146 — Tête de jeune femme par Charpentier; jeune homme assis et lisant; un marchand d'eau de Cologne. 6 dessins.

147 — Un bélier et deux moutons couchés, attribué à Roos; sujet d'histoire ancienne; diverses études sur une feuille, etc. 8 dessins.

148 — Sainte Catherine, de l'école allemande; un paysage dans la manière de Callot; homme assis tenant un tambourin, par Labelle, etc. 9 dessins.

149 — Paysages; compositions de figures, fleurs. 16 dessins.

150 — Groupe d'Amours; un joueur de cornemuse; armoirie, etc. 8 dessins collés sur la même feuille.

151 — Dessin formant encadrement à une bataille; armoirie entourée de figures allégoriques. 2 beaux dessins.

152 — Sujets religieux. 7 petits dessins à la plume, lavés de bistre, montés sur la même feuille.

153 — Paysages de Desfriches, Hilaire, P. Molyn, etc. 8 dessins.

154 — Un homme assis et dormant de David Rycaert; portrait d'après Van Dyck; naissance de saint Jean-Baptiste, de l'école française, etc. 6 dessins.

155 **Divers.** Choc de cavalerie; hommages rendus à un prince; études de chien et renard couché, etc. 11 dessins.

156 — Un paysage de Hilaire; jeunes filles puisant de l'eau à une fontaine, par Théolon; un animal chimérique, etc. 7 dessins.

157 — Esther et Assuérus, par Coypel; sainte famille, de Lahyre; étude de jeune fille assise, par Lagrenée; scène de pestiférés. 4 dessins.

158 — Paysage de Weirotter; marine de Storck; la soirée des Tuileries, dessin à la plume par Desain, d'après Baudoin, etc. 8 dessins.

159 — Têtes d'hommes, études de l'école française; des anges adorant l'Enfant-Jésus, par Hyacinthe Brandi; résurrection de Lazare, etc. 8 dessins.

160 — Dessin de l'école de Vander Heyden; dessins attribués à Callot; un bouquet de fleurs, etc. 13 dessins.

160 *bis* — Un dessin de Tiepolo; femme assise; attribué à de Gheyn; portrait de M. de Choiseul; caricature, etc. 14 dessins.

161 — Saint Antoine tourmenté par les démons, par Lanfranc; un saint par Ribera, dessins de l'école française, etc. 6 dessins.

162 — Paysage, par Dietzch; une bacchanale de Larue; danse de satyres et bacchantes, etc. 7 dessins.

163 **Divers.** Diane et ses nymphes, de l'école hollandaise; 2 dessins de Bouchardon; soldats, par Parrocel, etc. 9 dessins.

164 — Château-fort avec tour ronde; vue d'un moulin; une marine; 3 dessins à la plume, par S. Leclerc; vue des Tuileries, par Quevanne; une charge, de l'école de Tiepolo, etc. 6 dessins.

165 **Drolling.** Cour d'une maison de paysans; on voit à gauche, un jeune homme arrêtant une jeune fille au passage d'une porte. Joli petit dessin lavé à l'encre de Chine.

166 — Jeune paysan assis et lisant.

167 **Drouais.** Jeune femme à sa toilette. Joli dessin au crayon, rehaussé de blanc,

168 **Duvivier.** Berger gardant des troupeaux; paysan renversé par un autre, qui tient un poignard levé sur sa tête. 2 dessins.

169 **Dyck** (École de Van). Christ en croix; Adoration de la Vierge et de l'Enfant Jésus, que l'on voit sur des nuages; Saint Sébastien. 3 dessins.

170 **École flamande.** Bacchanale d'enfants.

171 — Paysages. 2 jolis dessins de l'École flamande.

172 **École hollandaise.** Navire avec les voiles tendues.

173 **École française,** XVIIIe siècle. Sujets mythologiques,

charmantes petites compositions. 28 dessins montés sur la même feuille.

174 **École française.** Sujets galants. 27 petits dessins formant suite, à la sanguine, montés sur trois feuilles.

175 — Bacchantes ivres. Beau dessin lavé à l'encre de Chine.

176 — Les Trois Grâces; cariatides, figures allégoriques; 8 motifs sur la même feuille. Très-beau dessin lavé de bistre.

177 — Jeune baigneuse. Elle est sortie de l'eau et assise au pied d'un fût de colonne. Charmant dessin lavé et colorié à plusieurs tons.

178 — Jeune femme nue couchée, dont l'image se reflète dans une glace; on voit, à droite, un vieux galant qui regarde par-dessus un rideau. Joli dessin lavé et colorié à plusieurs tons.

179 — Buste de jeune femme en costume de l'époque Louis XVI; buste de jeune garçon. 2 dessins d'un fini précieux, avec encadrements ornementés.

180 — Ruines monumentales; vers le milieu, groupe des trois Grâces sur un piédestal. Charmant dessin à plusieurs crayons.

181 — Plafonds. 2 charmants dessins lavés et coloriés à plusieurs tons.

182 — Coin de plafond, avec le centre. Charmant dessin lavé et colorié à plusieurs tons.

183 **École française.** Un beau plafond mélangé d'entrelacs. Joli dessin lavé et colorié à plusieurs tons, avec des rehauts d'or.

184 — Décoration intérieure; trophées, panneaux, candélabres, etc. 21 beaux dessins d'ornement.

185 — Frises, chapiteaux, cariatides, portes, poële, horloge, etc. 20 dessins d'ornement.

186 — Intérieur de maison galante de l'époque Louis XV. Composition de 6 figures, lavé à l'encre de Chine.

187 — Politiques sous la figure d'animaux, costumes de l'époque Louis XV. Jolie gouache.

188 — Académie de dessin à la sanguine.

189 — Jeune femme assise; jeune homme à demi-couché; un danseur. 3 dessins.

190 — *L'Amour console de vivre; Fais au moins qu'il me soit fidèle.* 2 jolis petits dessins.

191 — Des soldats assistés d'un lieutenant de police entraînent un jeune homme qui porte des regards attristés vers une jeune femme que l'on voit évanouie à gauche Beau dessin.

192 — Moïse sauvé des eaux. Joli dessin lavé de bistre.

193 — Un prince, entouré de paysans, de paysannes et de jeunes dames, tient le soc d'une charrue comme pour

tracer le premier sillon dans un champ. Joli dessin lavé à l'encre de Chine.

194 **Ecole française.** Amour portant un pot de fleurs; deux jeunes filles regardant un oiseau dans une cage; tête de jeune fille; paysage. 4 dessins.

195 — Beau portrait d'homme, à plusieurs crayons.

196 — Le Dieu Stercutius; la Déesse Cloacine; le Capitaine et le Soldat. 3 dessins à la sanguine.

197 — Intérieur dans lequel on voit une jeune femme souriant aux jeux de plusieurs enfants, dont l'un souffle des bulles de savon.

198 — Etudes d'enfants; femme nue assise sur un lit; buste de jeune femme, etc. 5 dessins.

199 — Un album contenant un grand nombre de dessins, compositions de figures et ornements.

200 **École d'Italie.** Vénus tenant d'une main un cœur enflammé, et de l'autre une flèche. Joli dessin à la plume, très-fini.

201 — Adam et Eve.

202 — La Charité. Beau dessin.

203 — Une vierge à mi-corps. Beau dessin à plusieurs crayons.

204 **École d'Italie.** Composition au milieu de laquelle on voit la figure de la Charité, et de chaque côté, un grand nombre d'enfants se livrant à divers jeux.

205 — Vue de Palerme; vue d'une autre ville, avec forteresse dans le haut. 2 jolis dessins très-finis.

206 — La Salutation angélique. Beau dessin lavé et colorié à plusieurs tons.

207 — Portrait de Carle Maratte, dans un encadrement ovale ornementé. Beau dessin à la sanguine.

208 — Un Arlequin, dessin très-spirituel, lavé et colorié à plusieurs tons.

209 **Eisen** (C.). Un Ermite tenant une lanterne et prenant par le bras une jeune femme. Dessin au crayon.

210 **Eisen** (attribué à). Enfants. 2 petites gouaches sur vélin, pour dessus de tabatières.

211 **Eschard** (C.). Buste d'homme; buste de femme. 2 dessins à la plume, signés.

212 — Hommes couchés. 2 dessins montés sur la même feuille.

213 — Mendiant et Mendiante. 2 dessins lavés à l'encre de Chine.

214 **Eyck.** Village fortifié, sur les bords de la mer. (*Collection W. Esdaile.*)

215 **Flandrin** (attribué à). Dessin pour un vitrail de Saint-Germain des Prés.

216 **Flinck** (Govaert). La Femme adultère; composition de cinq figures. Beau dessin. Jésus et la Samaritaine, de la même Ecole.

217 — Scène militaire. Dessin lavé de bistre.

218 **Forbicini** (Héliodor), de Vérone. Caricature. Composition de cinq figures, beau dessin lavé de bistre.

219 **Fragonard** (Honoré). Danaé. Charmant petit dessin, lavé à l'encre de Chine.

220 — Deux Jeunes Galants dans un frais bosquet. Joli dessin lavé de bistre.

221 — Intérieur de famille; composition d'un grand nombre de figures. Beau dessin.

222 — Buste de jeune paysan. Joli dessin à plusieurs crayons.

223 — Jardin d'une villa. Très-joli dessin à la sépia.

224 — Paysage de forme ovale; trois figures sur le devant. Charmant dessin.

225 — Le Verrou; jolie composition. Dessin lavé et colorié à plusieurs tons.

226 — Fontaine du Bernin à la villa Pamphile. Sépia.

227 **Fragonard**. 1750. Ruines; sur le devant, un dessinateur. A lasanguine.

228 — Villa Borghèse. Beau dessin à la sépia.

229 — Paysage. On voit au milieu une hutte, et sur le devant, deux enfants en traînant un autre sur une espèce de civière.

230 — Délivrance des âmes du purgatoire. Dessin lavé et colorié à plusieurs tons.

231 — Pompeï. Vue d'une chambre où une famille fut surprise par l'éruption du Vésuve et ensevelie. On voit vers le milieu des squelettes, et à gauche trois visiteurs.

232 — Tête de vieillard; un Peintre à son chevalet avec un âne pour modèle; Baigneuses. Dessin attribué. 3 dessins.

233 **Fremin.** 1777. Monuments. 2 beaux dessins.

234 **Gamelin.** 1786. Mêlée de cavalerie. Beau dessin lavé.

235 **Gavarni.** J'aime le sexe, moi! un Sauvage, mascarade! Lecteurs d'une affiche; une Lorette et sa suivante; un Lapin fraternel.

236 **Germain.** Intérieur de Ferme. On voit à gauche une jeune femme tenant un enfant sur ses genoux. Joli petit dessin lavé de bistre.

237 **Ghezzi.** Caricature. 13 dessins.

238 **Gide.** 1794. Jeune Fille debout. Joli dessin, lavé et colorié à plusieurs tons.

239 **Gillot.** Hôtel des Comédiens de bois. On voit au milieu une voiture de comédiens ambulans, et à l'entrée, arrangée en forme de portière, un Pierrot semblant inviter le public à entrer. Joli dessin à la plume, lavé à l'encre de Chine.

240 — Comédie italienne, trois figures. Joli dessin à la sanguine.

241 — Famille de Satyres; un Satyre tenant élevé au-dessus de sa tête une corbeille de raisins. 2 jolis petits dessins à la sanguine.

242 Toilette de Vénus. Joli dessin à la plume.

243 **Gois.** 1781. Culs-de-lampe. 2 jolis dessins lavés à l'encre de Chine.

244 **Goltzins** (H.). Vénus et l'Amour; Diane. 2 dessins à la plume.

245 **Gorp** (van). Jeunes Baigneuses. Dessin à plusieurs crayons.

246 **Goyen** (van). 1651. Un Village sur le bord de la mer, On voit sur le devant une barque. Joli dessin.

247 **Goyen** (Van). Bords de la mer. Joli petit dessin.

248 **Granet.** Intérieur d'un Ermitage; désolation autour d'un lit de mort; une Procession. 3 dessins lavés à l'encre de Chine.

249 — Catacombes de Rome. 1 dessin.

250 **Grandville.** Animaux peints par eux-mêmes. 4 dessins à la plnme. Un autre, attribué.

251 — Artiste assis à une table et dessinant. Au crayon.

252 **Gravelot.** Un Concert. Charmante composition d'un grand nombre de figures.

253 — Vignette. Joli dessin lavé à l'encre de Chine.

254 **Grenier.** 1825. Un Grenadier debout, une pipe à la main. Dessin lavé à l'encre de Chine.

255 **Greuze** (J.-B.). Son portrait. Il est représenté assis, accoudé sur une table, et tenant d'une main un dessin qu'il examine. Beau dessin lavé à l'encre de Chine.

256 — Etudes de trois figures de jeunes Filles; au milieu est celle de la jeune fille souriante, portant la main à sa bouche. Charmant dessin au crayon rehaussé de blanc.

257 — Un Vieillard assis à droite tend les bras à une jeune

fille venant de la gauche. Composition de quatre figures. Beau dessin lavé à l'encre de Chine.

258 **Greuze** (J.-B.). Deux Amants à l'autel de l'Amour. Dessin lavé à l'encre de Chine.

259 — Tête de jeune Garçon d'une grande élégance. A la sanguine.

260 — Jeune Fille debout, dans l'attitude de la tristesse. Beau dessin à la sanguine.

261 — Tête de jeune Fille couverte d'une draperie et dirigée vers la gauche. A la sanguine.

262 — Tête de jeune Fille vue de profil, tournée à droite. A la sanguine.

263 — Tête de jeune Garçon exprimant la colère. A la sanguine.

264 — Tête de jeune Fille. Ses cheveux sont retenus par un bandeau. A la sanguine.

265 — Tête de Vieillard exprimant la colère. A la sanguine.

266 **Greuze** (attribué à). Tête de jeune Femme, au crayon; tête de Satyre, à la sanguine. 2 dessins.

267 **Hilaire.** Jeune et élégante Bouquetière. Charmant petit dessin lavé à l'encre de Chine.

268 **Himpel.** Paysage de forme ronde. Joli dessin lavé à l'encre de Chine.

269 **Huchtenbourg.** Un Champ de foire : à droite, une tente; sur le devant, une Dame à cheval; et vers la droite, plusieurs chevaux en liberté.

270 **Huet** (J.-B.), 1788. Deux Amants à l'autel de l'Amour; jeune Fille à l'autel de Diane. 2 dessins lavés et coloriés à plusieurs tons.

271 — Bacchante assise, sur laquelle on voit l'Amour appuyé. Charmant dessin lavé et colorié à plusieurs tons.

272 — Le Renard et les raisins; le Renard et le Coq. 2 dessins à la sanguine.

273 — Jeune Fille travaillant à un ouvrage de dentelle; jeune Fille tenant un panier et une cruche; Enfant couché, ayant des moutons derrière lui; jeune Mère assise, tenant un enfant sur ses genoux. 4 jolis dessins.

274 — Un Chien attaquant une Oie; Têtes de moutons; une Tête d'âne; Moufflon; un Paysage. 5 dessins.

275 — Paysages, 2 dessins. Moulin de Charenton près Paris, de l'école de Boucher.

276 **Huet** (attribué à). Un galant Abbé offrant un fruit à une jeune Dame. Dessin à plusieurs tons.

277 **Huysum** (Van). Vases de fleurs. 2 dessins au crayon.

278 **Ingres** (attribué à). Son portrait; celui de Casimir Delavigne. 2 dessins.

279 **Isabey**. Promenade d'Incroyables; caricature spirituelle. Beau dessin lavé et colorié à plusieurs tons.

280 — Études de Têtes de différents caractères. Joli dessin lavé à l'encre de Chine.

281 — Le Temps, ayant autour de lui des enfants: un Paysage. 2 dessins.

282 **Jeaurat** peintre, son portrait. Il est représenté revêtu d'une robe de chambre, et assis dans un fauteuil. Beau dessin lavé et colorié à plusieurs tons.

283 **Jordaens** (Jacques). Composition de trois figures, dans laquelle on voit deux Amants s'embrassant. Beau dessin.

284 **J. S.** Paysan entourant de ses bras une jeune Femme, et l'attirant à lui; à droite de cette scène, un Paysan debout et riant. Joli dessin lavé de bistre.

285 **Julliart**. Paysage. Un joli dessin.

286 **Jullien** (Sim.), 1778. L'Aurore. Charmarnt dessin lavé de bistre.

287 **Kamphuysen** (J.). Jeune Mère allaitant un enfant.

288 **Kauffmann** (Angelica). Buste de jeune Fille. Beau dessin au crayon rouge.

289 **Keller**. Entrée monumentale d'un parc. Beau dessin lavé à l'encre de Chine.

290 **Koekkoek** (B. C.). Un paysage.

291 **Kraus**. Deux Amants surpris par un père et une mère dont l'expression est très-menaçante. Un dessin.

292 — Intérieur de cabaret. On voit une jeune fille présentant une chandelle à un fumeur pour allumer sa pipe. Joli dessin lavé à l'encre de Chine.

293 **Laer** (P. de). Homme à cheval, tenant un cheval en laisse. Dessin lavé à plusieurs tons.

294 **Laer** (attribué à). Une Foire ; composition d'un grand nombre de figures. Beau dessin lavé à plusieurs tons.

295 **Lafage**. Sujets mythologiques; frises. 2 jolis dessins à la plume, lavés à l'encre de Chine.

296 Enlèvement d'Europe. Dessin à la plume, légèrement lavé à l'encre de Chine.

297 **Lagrenée**. Têtes de jeunes Filles. 2 dessins à plusieurs crayons.

298 **Lajoue**. Grand et beau cartouche pour le titre de

l'œuvre de Wouvermans. Beau dessin lavé à l'encre de Chine.

299 **Lajoue.** Motif de décoration : on voit à gauche une jeune dame tenant une petite fille par la main. A la sanguine.

300 **Laken** (Van). Personnages rendant hommage à un prince assis à gauche. Beau dessin lavé à l'encre de Chine.

301 **Lallemand.** Bestiaux s'abreuvant au bassin d'une fontaine; un Joueur de cornemuse marchant derrière une troupe de bestiaux. 2 charmants dessins lavés et coloriés à plusieurs tons.

302 **Lancret** (attribué à). Jeune Homme debout, le chapeau à la main ; un Joueur de flûte; Hommes vus à mi-corps. 4 dessins.

303 **Lantara.** Paysages. 2 dessins au crayon.

304 **Largillière.** Jeune Femme en buste. A la sanguine.

305 **Larue.** Bacchanale d'enfants; le Démon montrant à un saint une femme nue pour le tenter. 2 dessins.

306 **Lawreince.** Deux Jeunes Femmes, dont l'une assise a sur ses genoux un livre ouvert, et l'autre debout tient un instrument de musique; jeune Homme se promenant avec une jeune Femme et lui montrant dans un bosquet une statue de l'Amour sur un piédestal. (On y va deux, etc.) 2 charmants dessins.

307 **Lawreince.** La Leçon de danse, l'une des plus ravissantes compositions du maître. Fort joli dessin lavé et colorié à plusieurs tons.

308 — Le Lever des ouvrières en modes. Composition des plus charmantes. Beau dessin lavé et colorié à plusieurs tons.

309 — Deux jeunes Dames accompagnées d'un jeune galant qui tient la main de l'une d'elles. Joli dessin lavé et colorié à plusieurs tons.

310 — Jeune Femme en costume de l'époque Louis XVI, assise à une table et écrivant. Dessin lavé et colorié à plusieurs tons.

311 **Lawreince** (attribué à). Intérieur dans lequel on voit une jeune Femme debout, donnant sa main à baiser à un galant. Joli petit dessin lavé à l'encre de Chine.

312 **Lebarbier.** Paysage au milieu duquel on voit une maisonnette. Joli dessin lavé à l'encre de Chine.

313 **Lemoine.** Iris sortant du bain. Dessin à la sanguine.

314 — **Lemot.** Bas-relief pour une salle de musique. Un dessin lavé de bistre.

315 **Léonardis.** Les Stations. 14 beaux dessins.

316 — **Lépicié.** Un Marché. Composition d'un grand nombre de figures. Dessin lavé à l'encre de Chine.

317 **Lépicié**. Femme portant une hotte ; Paysan debout. 2 dessins lavés de bistre.

318 — Un Homme assis sur une chaise, un bras appuyé sur une table. Au crayon, rehaussé.

319 — Jeune Femme tenant un enfant sur ses genoux. Beau dessin à plusieurs crayons.

320 — Marchandes ambulantes ; une jeune Marchande de fruits assise ; une Mendiante. 4 dessins.

321 **Leprince**. 1780. Paysage. On voit à gauche des laveuses, sur le devant un homme portant deux seaux. Beau dessin lavé et colorié à plusieurs tons.

322 — 1779. Jeune Servante donnant du grain à des poulets. Joli dessin lavé de bistre.

323 — Deux petites Filles et un jeune Garçon autour d'une table ; Jeux d'enfants (quatre figures) ; Enfant couché. 3 charmants dessins à la sanguine.

324 — Jeune Fille en buste appuyée sur un panier de fleurs. Joli dessin à la sanguine.

325 — Jeune Fille à mi-corps, tenant une main sur l'anse d'un panier de fleurs. A la sangnine.

326 — Buste de jeune Femme avec collier. A la sanguine.

327 — Paysage. On voit au fond des ruines. Très- beau dessin à la sanguine.

328 **Leprince**. Jeune Femme vue de face; jeune Fille de profil; Paysages. 4 dessins.

329 — Un Convoi militaire en Italie. Très-beau dessin lavé et gouaché.

330 **Lesueur** (Eustache). Composition relgieuse d'un grand nombre de figures.

331 **Lesueur** (Louis). Paysages. 2 dessins de forme ovale.

332 **Leyde** (Lucas, de). Attribué. Triomphe de Mardochée. Dessin à la plume.

333 **Lorentz**. Ecuyères du Cirque. 4 dessins.

334 **Loutherbourg**. Musiciens ambulants faisant danser des marionnettes; on voit à droite une fontaine. Très-joli dessin lavé de bistre.

335 — Berger gardant divers animaux.

336 **Loutherbourg** (attribué à). Berger et Bergère gardant leurs troupeaux ; paysage. 2 petites gouaches pour dessus de tabatières.

337 **Mallet**. L'Amour amenant un enfant par la main ; charité romaine. 2 dessins.

338 **Mander** (Karl Van), 1589. L'enlèvement d'Europe. Très-joli dessin.

339 **Marillier**. Vignettes. 4 dessins.

340 **Martin**. Vue du château de Marly et des Jardins. Joli dessin au crayon.

341 **Meer** (Van der). Scène de patineurs. Grand et beau dessin.

342 **Meulen** (Van der). Une Revue, Grand et beau dessin, lavé à l'encre de Chine.

343 — Marche de cavalerie en vue d'une ville que l'on aperçoit de l'autre côté. Dessin lavé et colorié à plusieurs tons.

344 — Une Bataille.

345 **Mieris** (Guillaume). Un Vieillard offrant une bourse à une jeune femme qui paraît le repousser. Dessin au crayon.

346 **Moitte**. Bacchanale au Silène. Beau dessin à la sanguine.

347 **Monnet**. Jeune Femme assise. Elle est en costume d'amazone. Joli dessin.

348 — Un Sacrifice. Dessin lavé à l'encre de Chine.

349 **Monnier**. Un bon Bourgeois portant sa canne sous le bras; une Rentière portant son carlin. 2 dessins au crayon.

350 **Moreau** jeune. Hommages rendus à Voltaire sur le

Théâtre-Français, le 30 mars 1778. Dessin lavé à plusieurs tons.

L'on a joint à ce dessin la gravure qui en a été faite par Gaucher.

351 **Moreau** jeune (attribué à). L'Allemande chez Ruggieri devant le palais du Soleil. Joli dessin à la plume, légèrement lavé.

352 **Moreau** (Louis). Paysages dans chacun desquels on voit un temple à l'Amour ombragé par des arbres. 2 charmantes gouaches.

353 — Paysages. 3 dessins.

354 **Moucheron** (Isaac). Vue d'un Parc. On voit à droite une fontaine monumentale. Beau dessin lavé à l'encre de Chine.

355 — Décoration de l'entrée d'un parc. Dessin lavé et colorié à plusieurs tons.

356 **Murillo** (attribué à). Visite de sainte Élisabeth. Beau dessin lavé à l'encre de Chine.

357 **Nattier**. Tête de jeune fille à plusieurs crayons. Charmant dessin.

358 — Portrait d'un jeune Ecclésiastique. Beau dessin à plusieurs crayons.

359 **Neits** (G.). Paysage avec ruines. Joli dessin à la plume.

360 **Nicolle.** Vue de l'église Sainte-Marie de la Santé sur le grand canal à Venise; place et église Saint-Roch à Venise; ville de Chiozza dans les Lagunes; la place de l'Annonciade à Florence; ruines du palais de Dona Anna à Naples; vue des monts Vésuve et de la Somma, prise de la place du Châteauneuf; vue de l'Arc de Constantin et du Colisée; vue de Rome prise sur la terrasse de Saint-Pierre-Montorio sur le mont Janicule. 8 dessins d'un fini précieux. *Ce numéro pourra être divisé.*

361 **Nicolle** (Manière de). 4 dessins.

362 **Noorde** (C. V.), 1761. Une Marine. Joli dessin lavé à l'encre de Chine.

363 **Norblin.** Scènes d'enfants. 2 dessins lavés et coloriés à plusieurs tons.

364 — Soldats montant à l'assaut; un croquis. 2 dessins.

365 **Oppenort.** Titre de différents fragments d'architecture et d'ornement. Beau dessin lavé à l'encre de Chine.

366 **Oudry** (J.-B.). Deux chiens en arrêt devant un faisan. Beau dessin au crayon rehaussé de blanc.

367 — Un Repos de sainte famille. Beau dessin.

368 — Le Chien et le Chat; Lutte de chiens; deux Chiens rongeant une carcasse; trois Chiens. 4 jolis dessins à la plume.

369 **Oudry** (J.-B.). Un Cartouche. Joli dessin lavé de bistre.

370 — Caricature sur Miolant et Janinet, à propos de leurs expériences sur les aérostats. Un dessin lavé de bistre.

371 — Chiens à la poursuite d'un sanglier; Études de têtes de cerfs, de Renard, de Chiens. 6 dessins.

372 — Un Chien faisant fuir des oiseaux de leur nid rempli d'œufs; Paysan contemplant un faucon terrassant une grue. 2 jolis dessins.

373 **Pajou**. Vases. 2 beaux dessins lavés à la sépia, avec rehauts de blanc. Fronton exécuté en pierre au palais Égalité. A la sanguine.

374 **Palamèdes.** Scène de joueurs. Composition de six figures. Beau dessin lavé à l'encre de Chine.

375 **Palmérius**. Paysages. 2 beaux dessins à la plume.

376 **Panini**. Monuments, ruines, perspective. 6 dessins.

377 **Parrocel**. Danse d'enfants. Charmant dessin au crayon, avec rehauts de blanc.

378 — Enfants jouant au colin-maillard. Joli dessin au crayon, avec rehauts de blanc.

379 — Une Revue. Grand et beau dessin à l'encre rouge.

380 **Paterre**. Composition de trois figures. Vers le milieu

une jeune femme relève ses jupes et met ses pieds à l'eau ; à droite deux jeunes amants. Dessin des plus charmants.

381 **Pelez** (Raimond). Scène de singes.

382 **Percier**. Intérieurs du temps de l'empire. 2 dessins lavés et coloriés à plusieurs tons. Intérieur de palais, au trait.

383 **Perelle**. Vues. 4 dessins à la plume.

384 **Perignon**. Paysages. Vue de la pyramide de Sextius. 5 dessins.

385 **Pernet**. Monuments antiques. 2 jolis dessins de forme ronde.

386 — Monuments antiques. 2 dessins de forme ovale, lavés et coloriés à plusieurs tons.

387 **Peters** (Bonaventure). Une Marine.

388 **Picart** (Bernard). Naissance du fils du Dauphin sous Louis XV ; allégories. 3 dessins.

389 **Pierre**. Jeune mère tenant un enfant sur ses genoux. Un joueur de cornemuse est debout devant elle. A la sanguine.

390 **Piranèse**. Monuments. 3 beaux dessins.

391 **Poelembourg**. Paysages. 2 dessins à la plume.

392 **Porrien**. Partie de campagne. On voit une élégante compagnie de galants et de jeunes dames devisant sous les arbres. Joli dessin à la sanguine.

393 **Portail**. Vase et Corbeille de fleurs. 2 beaux dessins à plusieurs tons.

394 **Poussin** (Nicolas). Enlèvement des Sabines. 1 dessin. On y a joint la gravure par C. F. Letellier.

395 **Poussin** (attribué à). Paysages. 2 dessins.

396 **Preudhomme** (F.). Paysages. 2 dessins.

397 **Procaccini** (C.). Jeune Mère tenant un enfant. Beau dessin.

398 **Prud'hon**. Une Muse debout. Dessin des plus gracieux sur papier bleu, avec rehauts de blanc.

399 — Une Nymphe coupant les ailes de l'Amour. Très-beau dessin sur papier bleu, avec rehauts de blanc.

400 **Prud'hon** (attribué à). L'Amour attaché au sein d'une jeune femme. Sujet allégorique.

401 — Femme debout, figure allégorique. Beau dessin à la plume, lavé à l'encre de Chine.

402 **Pujos** (A.), del. 1774. Portrait de d'Alembert, dédié à Mlle de l'Espinasse. Beau dessin.

403 **Queverdo.** Scène du Déserteur. Composition d'un grand nombre de figures. Charmant dessin lavé et colorié à plusieurs tons.

404 **Radel.** Intérieur d'église. Joli dessin lavé à l'encre de Chine.

405 **Raguenet.** Perspective de Paris, où l'on voit le Pont-Neuf, la Samaritaine, l'Ile du Palais, etc. Grand et beau dessin très-terminé, lavé et colorié à plusieurs tons.

406 **Ransonnette** (attribué à). Vue du Palais de justice et de la sainte Chapelle.

407 **Renaud** de Sèvres. Neptune et Amphitrite, frise. Joli dessin.

408 **Ricci** (Sébastien). Le Temps entre deux jeunes filles. Derrière l'une d'elles, assise à droite, on voit la Mort armée de sa faulx.

409 **Ritter** (N.). Portrait de David, peintre, dessiné d'après nature à Amsterdam.

410 **Robert** (Hubert). Ruines. 2 jolis dessins, lavés et coloriés à plusieurs tons.

411 — Monuments, ruines. 7 dessins lavés et coloriés à plusieurs tons et à la sépia.

412 **Robert** (Hubert). Monuments et Paysages. 19 dessins à la sanguine. Ce numéro pourra être divisé.

413 **Romain** (Jules). Un Porte-étendard à cheval. Beau dessin.

414 **Rothnamer**. Enlèvement d'Europe. Joli dessin lavé à l'encre de Chine.

415 **Rothnamer** (attribué à). Assomption de la Vierge.

416 **Rubens** (attribué à). Turc à cheval, donnant un coup de lance en arrière; une Figure allégorique. 2 dessins.

417 **Saint-Aubin** (Augustin de). Portrait de jeune femme dans un médaillon ovale. Charmant dessin.

418 — Enfants jouant à la toupie. Très-joli dessin à la sanguine.

419 **Sarrazin**. Vues et paysages. 4 dessins.

420 **Scheffer** (Ary). Scènes de la Révolution. 2 dessins.

421 **Schenau**. Une Ravaudeuse; une jeune fille a posé une jambe sur les genoux de la bonne femme, qui lui raccommode son bas. Dessin à la plume, lavé et colorié à plusieurs tons.

422 — Intérieur d'une maison de paysans. Composition de trois figures à la plume. Lavé et colorié à plusieurs tons.

423 **Scheyndel.** Un Contrat de mariage. Beau dessin à l'encre de Chine.

424 **Schotel** (Van). Place du Dam, à Amsterdam. Beau dessin lavé et colorié à plusieurs tons.

425 **Silvestre** (Israël). Vue du Pont-Neuf et de l'Ile du Palais. Beau dessin très-fini.

426 — Vue du Collége des Quatre-Nations. Beau dessin très-fini.

427 **Simonini.** Attaque de voyageurs par des brigands. Beau dessin à l'encre de Chine.

428 **Spilman** (H.). Maison entourée d'arbres, au bord de la mer. Joli dessin lavé de bistre.

429 **Stella** (J.). Jeunes filles abreuvant leurs bestiaux. Sujet biblique.

430 **Strada** (Vespasiano). Saints en adoration devant la Vierge et l'Enfant Jésus; deux anges tiennent une couronne au-dessus de la tête de la Vierge. Beau dessin à la plume lavé de bistre.

431 **Stradan** (Jean). Fonds de coupes, entourés de sujets avec mélange d'ornements. 2 beaux dessins.

432 **Stringa** (François). Une Nymphe et l'Amour. Charmant dessin à la plume lavé de bistre.

433 **Swebach.** Danse de villageois. Joli dessin lavé et colorié à plusieurs tons.

434 — Troupes en marche. 3 dessins lavés de bistre.

435 **Taraval.** Léda. Très-beau dessin à plusieurs crayons.

436 **Teniers** père. On voit sur le devant une vieille femme assise peignant un chat. Au crayon.

437 **Thiers**, 1782. Paysage. En avant, bestiaux debout et couchés; dans le fond, un moulin à vent. — Autre paysage. On voit à gauche un taureau. 2 jolis dessins lavés à plusieurs tons.

438 **Tiepolo.** Un Ane chargé d'un tonneau; Paysan monté sur un mulet chargé. 2 dessins lavés à l'encre de Chine.

439 **Tilberg** (attribué à). Compagnie de gueux, campés en pleine campagne, et préparant leur festin. Dessin à la plume.

440 **Tintoret.** Martyre d'un saint mis en croix. Beau dessin lavé de bistre.

441 **Toro.** Encadrements entourés d'arabesques. 2 charmants dessins légèrement lavés.

442 **Ulft** (Van der). Une Marine. Partie d'une ville; on voit sur le devant deux monuments. 2 dessins.

443 **Vanloo** (Carle). Le Parnasse. Joli dessin.

444 **Velde** (W. Van de). Marine. 1 dessin à la plume sur vélin.

445 **Van de Velde** (école de). Marine. Joli dessin.

446 **Vasari** (George). Cartouche ovale, avec sujet dans l'intérieur ; deux encadrements avec sujets mythologiques au milieu. 3 beaux dessins d'ornements.

447 **Verdussen**. Voiture attelée à quatre chevaux, escortée; cavaliers: conducteurs de bestiaux. 3 dessins.

448 **Verkolie.** Portrait de Jacob Gadelle. Beau dessin lavé à l'encre de Chine.

449 **Vernet** (Joseph). Marines; paysages; un port. 7 dessins. *Ce numéro pourra être divisé.*

450 — Un Ane chargé conduit par un paysan : on voit derrière, une femme portant une corbeille sur la tête; des pêcheurs; bords de la mer. 5 dessins à la plume.

451 **Vernet** (Carle). Un Prêtre accompagnant un condamné conduit au supplice; bivouac; costume d'homme. 3 dessins.

452 **Vernet** (Horace). Le Pacha d'Égypte; un cheval. 2 dessins.

453 **Vernet** (attribué à Horace). Une Bataille; deux autres dessins militaires pour l'histoire de l'empire, dans la manière d'Eugène Lamy.

454 — Suchet, duc d'Albuféra. Au crayon.

455 **Véronèse** (école de). Composition d'un grand nombre de figures. Beau dessin.

456 **Verschuring**, 1670. Une Cour dans laquelle on voit deux chevaux dont l'un est chargé d'un seau; sur le devant, un enfant tenant une mue, cherche à faire entrer des canards dessous. Dessin lavé à l'encre de Chine.

457 **Wailly** (de), 1776. Cérémonie en l'honneur de Marie-Antoinette. Grand et beau dessin.

458 **Wanum** (Van), 1774. Un Village au bord de la mer. Dessin lavé à l'encre de Chine.

459 **Watteau** (Antoine). Homme debout, à gauche; à droite, deux bustes d'hommes penchés; homme debout. 2 dessins à la sanguine.

460 — Jeune Femme debout; joueur de guitare à demi-couché. 2 jolis dessins à la sanguine.

461 — Bustes de jeune Homme et de jeune Femme, 2 jolis dessins à plusieurs crayons sur la même feuille; figure d'homme debout, à la sanguine.

462 **Watteau** (Antoine). Étude de femme couchée. Dessin à plusieurs crayons.

463 — Embarquement pour Cythère. Beau dessin lavé de bistre.

464 **Wenix** (attribué à). Un Chien. Dessin à plusieurs crayons.

465 **Werf** (Van der). Femme nue debout. Joli dessin à la sanguine.

466 **Wille** (J.-G.), 1756. Vieux Paysan assis, tenant une cruche sur ses genoux. Beau dessin à la sanguine.

467 — Paysages; chaumières. 5 dessins.

468 **Wille** fils. *Se ipsum del.* 1773. Portrait de l'artiste par lui-même. Joli dessin à la sanguine, très-fini.

469 — 1787. Paysan assis, tenant un livre. Beau dessin à la sanguine. Signé.

470 — Intérieur. A gauche, une jeune femme assise; à droite, jeune fille debout se regardant dans un miroir, pendant qu'une soubrette met une fleur dans sa coiffure.

471 — Buste de vieillard; serment sur un autel. 3 dessins.

472 **Witt** (de). Amours sur des nuages. Joli dessin au crayon rehaussé de blanc.

473 Sous ce numéro, il sera vendu par lots un grand nombre de dessins non catalogués.

ESTAMPES

474 **Aldegrever.** La Salutation angélique; Annonciation anx bergers; le mauvais Riche à table; Suzanne au bain; pièces des costumes de 1538, etc. 24 pièces.

Ce numéro pourra être divisé.

475 **Altdorfer** (Albert). Repos de Sainte Famille. Charmante pièce. Épreuve superbe.

476 **Anselin.** Madame de Pompadour en jardinière, d'après Vanloo, superbe épreuve avant la lettre, avec marges.

477 **Aubry** (d'après). La Reconnaissance de Fonrose, gravé par R. Delaunay; J'y passerai, d'après Borel. 2 pièces, très-belles épreuves, avec grandes marges.

478 **Audran** (Jean). Rubens, d'après Van-Dyck. In-folio, très-belle épreuve.

479 **Avril.** L'Amour lançant une flèche à une nymphe; l'Amour suppliant une nymphe de lui rendre son arc. 2 pièces avant la lettre.

480 **Balechou.** Sainte Geneviève, d'après C. Vanloo. Superbe épreuve avant les raies et avant le jupon rallongé. Encadrée.

481 **Bartolozzi**. Clytie, d'après An. Carrache. Très-belle épreuve encadrée.

482 **Baudouin** (d'après). Le Carquois épuisé, une des plus charmantes compositions du maître, gravée par N. Delaunay. Très-belle épreuve avant la lettre, encadrée.

483 — Le Roman dangereux, gravé par Helman. Très-belle épreuve encadrée.

484 — Les Amants surpris, gravé par Delaunay, avant la lettre; le Jardinier galant, par Helman. 2 pièces encadrées.

485 — La Soirée des Tuileries, gravé par Simonnet.

486 — Le Poëte Anacréon, jolie pièce gravée par N. Delaunay. Très-belle épreuve, avec grandes marges.

487 **Beauvarlet**. Les Couseuses, d'après le Guide. Très-belle épreuve encadrée.

488 — Molière, d'après S. Bourdon. In-folio. Belle épreuve encadrée.

489 **Bega** (C.). L'Homme au manteau court. B. 8. L'Homme avec la main dans le pourpoint, 10. La Fumeuse, 11. La Vieille tenant un pot, 12. Le Fumeur, 13. Le Paysan allumant sa pipe, 20. L'Assemblée près de la cheminée, 23. Les Deux Amoureux, 25. La Danse, 26. Le Chanteur, 27. La Mère, 28. Les Trois Buveurs, 29. La Mère

et son Mari, 30. La Jeune Aubergiste, 33. La Jeune Cabaretière caressée, 34. 20 pièces.

490 **Beham** (Barthélemy), 1525. Judith assise sur le corps d'Holopherne. Très-belle épreuve.

491 **Beham** (Sebald). Saturne, Jupiter, Mars; Nessus et Déjanire; Proemium; Laocoon, par Broshamer; Mutius Scévola; Jugement de Pàris, par Aldtorfer, etc. 11 pièces.

492 — Les Armoiries au coq, jolie petite pièce. Très-belle épreuve.

493 — Les Arts libéraux. 7 pièces. Belles épreuves.

494 — Patientia; la Mort s'emparant d'une jeune femme; Judith. 3 pièces.

495 — **Berghem**. La Vache qui pisse. B. 2. Très-belle épreuve avant l'adresse de F. de Witt. Tirée sur papier à la folie.

496 — Le Berger assis sur la fontaine, 8, avec l'adresse de de F. de Witt; le Troupeau traversant le ruisseau, 9. Le Troupeau au repos, 10. 2 épreuves de la dernière; en tout 4 pièces. Très-belles épreuves.

497 — Les Sujets d'animaux en largeur, B. 13 à 16. Double du n° 15. Tête de bouc, 17. 6 pièces.

498 — La Vache qui s'abreuve, Chèvres, Moutons, etc., et pièces d'après lui. 23 pièces.

499 **Bertin** (d'après). La Gaîté de Silène, gravé par N. Delaunay. Très-belle épreuve, avec marges.

500 **Bervic.** L'Enlèvement de Déjanire, d'après le Guide; l'Éducation d'Achille, d'après Regnault. 2 pièces; superbes épreuves avant la lettre, encadrées.

501 — Laocoon. Très-belle épreuve avant la lettre, encadrée.

502 — Louis XVI d'après Callet. Grand portrait en pied.

503 **Blanchard.** 1817. Portrait d'un pape. Superbe épreuve avant la lettre.

504 **Bloemaert** (C.). Méléagre d'après Rubens. Très-belle épreuve.

505 **Boissieu** (de). Buste de Vieillard. Une note au crayon indique que cette eau forte a été lavée et coloriée par Boissieu.

506 — Vue de l'Arbresle en Lyonnais; Savigny; paysage où l'on voit au milieu un pont dont les piles sont en ruines, et à droite un moulin; paysage où l'on voit à gauche un homme à cheval, passant derrière un arbre. 4 pièces.

507 — Vue de Saint-Andéol en Lyonnais. Très-belle épreuve.

508 — Le Moulin de Ruysdaël; le Moulin à eau d'après Ruysdaël. 2 pièces. Très-belles épreuves.

509 **Boissieu** (de). Une Feuille de quatre études de figures, où se trouve le vieillard avec les mains jointes ; une autre feuille contenant sept têtes au bas de laquelle on voit deux vieillards à grands bonnets et longues barbes; autre feuille contenant sept études où l'on voit un homme jouant de la guitare et une tête de chien ; l'on y voit de plus, au milieu du haut, une figure de profil tournée à droite et au trait ; autre feuille de huit études, au milieu un homme portant un chapeau rond relevé, vieillard à front chauve tourné vers la droite. 5 pièces. Très-belles épreuves.

510 — Paysage d'après Ruysdaël ; autre d'après C. Lorrain. 2 pièces. Très-belles épreuves.

511 — Les grands Charlatans d'après K. Dujardin. Très-belle épreuve.

512 — Vue du sépulchre de Cecilia Metella. Très-belle épreuve avec le titre, les armes et la dédicace à M. le duc de Larochefoucauld. *Rare.*

513 — Vieillard faisant lire un enfant ; enfant jouant avec un chien. 2 pièces.

514 — Vue du pont Lucano. Très-belle épreuve avec la dédicace à M. de Larochefoucauld, pair de France.

515 — Intérieur de Ferme ; le Maître d'école. 2 pièces. Très-belles épreuves.

516 — Paysage d'après N. Poussin. Belle épreuve.

517 **Bolswert** (S.-A.). La Vierge en adoration devant l'enfant Jésus d'après Rubens. Superbe épreuve avec l'adresse de Martin Van den Eden.

518 — Repos de sainte Famille d'après Van Dyck. Encadré.

519 **Both** (Jean). Paysages. 11 pièces.

520 **Boucher** (d'après). Le Courrier et son pendant. 2 jolies pièces gravées par Beauvarlet. Superbes épreuves avant toute lettre, encadrées.

521 — Les Quatre éléments, charmante suite de 4 pièces, sujets d'enfants, gravées par Daullé. Très-belles épreuves avec marges.

522 — Sujet allégorique; dans le haut, médaillon de Louis XV. Superbe épreuve avant toute lettre.

523 — La Mort d'Adonis, gravé par Levasseur; même sujet, par Surugue; le trait dangereux, par Poletnich, etc. 10 pièces.

524 **Callot** (J.). Le Massacre des Innocents. Très-belle épreuve de la planche, gravée à Florence, *avant le nom de maître.*

Le même sujet. 2me planche. Épreuve avec le nom.

525 — Variæ tum passionis Christi, tum vitæ beatæ Mariæ virginis. Suite de 21 pièces sur 6 feuilles.

526 **Callot** (J.). Le Bénédicité. Très-belle épreuve du 1er état.

527 — La Tentation de saint Antoine. Très-belle épreuve doublée.

528 — Les Martyrs du Japon. Très-belle épreuve du 1er état.

529 — La Carrière de Nancy. Superbe épreuve du 1er état.

530 — La grande Chasse. Superbe épreuve du 1er état. *Rare.* On distingue parfaitement le petit fond à droite.

531 — Le Jeu de boules. Belle épreuve avant l'adresse d'Israël Silvestre, encadrée.

532 — Le Jeu de boules, ou la foire de Gondreville, charmante pièce du maître. Très-belle épreuve avant l'adresse d'Israël Silvestre.

533 — La Foire de Florence. Très-belle épreuve en deux morceaux réunis.

534 — Les Supplices, l'une des pièces capitales du maître et des plus recherchées. Très-belle épreuve du 2e état.

La même pièce, épreuve faible du même état. La tour au-dessous du mot *Supplicium*, et la petite Vierge à l'encoignure d'une maison, ont disparu.

535 — Les Supplices. Très-belle épreuve du 2e état. 8 pièces du combat à la barrière, mendiants, etc. 27 pièces.

536 **Callot** (J.). Le Marché d'esclaves, ou la petite vue de Paris. Très-belle épreuve.

537 — Le Brelan. Très-belle épreuve.

538 — Les grandes Misères de la guerre. Suite de 18 pièces. Belles épreuves avant que l'adresse d'Israël ait été effacée, à l'exception de la pièce n° 3 où l'on a substitué à l'adresse les mots : *Callot inv. et fec.*

539 — Les petites Misères de la guerre. Suite de 7 pièces.

540 — La Carrière de Nancy; le parterre; saint Mansuet; saint Nicolas; copies de l'Enfant prodigue; Misères de la guerre, etc. 26 pièces.

541 **Castiglione** (Balthazar). 5 pièces à l'eau forte.

542 **Cathelin.** L'abbé Terray, d'après Roslin. In-fol. Très-belle épreuve.

543 — Joseph Vernet. In-fol. Épreuve avant toute lettre.

544 **Chardin** (d'après). La Mère laborieuse; la Gouvernante. 2 pièces gravées par Lépicié. Très-belles épreuves.

545 **Chevillet.** Jean-Baptiste-Siméon Chardin, d'après lui-même. In-fol. Belle épreuve.

546 **Claessens.** La Femme hydropique, d'après Gérard Dow. Superbe épreuve avant la lettre, avec les noms

d'artistes à la pointe, tirée sur papier de Chine. *Rare*. Encadrée.

547 **Claessens**. Intérieur hollandais, d'après G. Dow. On voit à gauche une jeune femme assise et travaillant; au milieu un berceau dans lequel repose un enfant; belle composition gravée par Oortmann, élève de Claessens. Superbe épreuve avant toute lettre, tirée sur papier de Chine.

548 **Cochin.** Décoration du bal donné par le roi dans la galerie du château de Versailles, à l'occasion du mariage de Louis, dauphin de France, avec Marie-Thérèse, infante d'Espagne, du 25 au 26 février 1745.

— Pompe funèbre de Philippe de France, roi d'Espagne, à Notre-Dame, le 15 décembre 1746.

2 pièces encadrées.

549 — Décoration élevée sur la terrasse de Versailles à l'occasion du mariage de Mme Louise-Élisabeth de France, le 26 août 1739. Grande pièce encadrée.

550 **Corrège** (d'après). L'Amour désarmé, gravé par Guérin; Antiope, par Basan. 2 pièces.

551 **Coypel** (A.). Pan dompté par l'Amour. Jolie pièce. Très-belle épreuve du 1er état avant la date.

552 **Cranach** (Lucas). Vénus et l'Amour; jugement de Pâris. 2 pièces sur bois.

553 **C. D.** 1537. (Maître à monogramme). Galatée debout

sur un dauphin s'apprête à s'élever dans les airs à l'aide d'une espèce de ballon. *Pièce rare.*

554 **Daullé.** Mlle Pélissier, d'après Drouais. In-fol. 1re et très-belle épreuve avec l'adresse de Drouais.

555 — Louis-Philippe d'Orléans, duc de Chartres, d'après Belle. In-fol. Très-belle épreuve.

556 — Jean-Baptiste Rousseau, d'après Aved. In-fol. Très-belle épreuve.

557 **Debucourt.** Les Joueurs de boule, d'après C. Vernet. En couleur.

558 **Delaunay** (N.). Jean-François de Troy, d'après Aved; Sébastien Leclerc, d'après Nonotte. 2 portraits in-fol. Très-belles épreuves avant la lettre.

559 **Divers.** Les Regrets mérités, d'après Mlle Gérard; l'Enfant chéri, d'après Leprince; c'est Papa, d'après Van Gorp, etc. 5 pièces.

560 — Simon Vouet, par Perier; M. Lenoir, par Chevillet; Weirotter, par Schmuzer; Bon de Boullongne, par Tardieu; Anne-Marie Schurman, par Dalen jeune, etc. 12 portraits.

561 — La Bonne petite Sœur; Tranquillité champêtre; le Matin, le Midi, la Nuit, par Loutherbourg; 2 Vues de Meudon, par J. Rigaud, etc. 21 pièces.

562 **Divers**. Jugement de Pâris, copie d'après Marc-Antoine; le Bon père; l'École du bon goût, d'après Teniers, etc. 16 pièces.

563 — Carle van Loo; Slotz l'aîné; Roettiers, d'après Cochin; Mengs, par Carmona; l'Aéronaute Charles, etc. 7 portraits.

564 — Lever de la Mariée, d'après Dugoure; Pan et Syrinx, d'après Bertin; Passe-temps de Flandres, d'après Teniers; paysage, d'après Le Gouaspre, etc. 18 pièces.

565 — 82 pièces.

566 — 47 pièces.

567 — Compositions et paysages. 44 pièces.

568 — 32 pièces.

569 — Compositions et paysages. 25 pièces.

570 — La Récompense villageoise, d'après Claude Lorrain, Vues de Piranèse, etc. 10 pièces.

571 — Figures, animaux et paysages. 100 pièces.

572 — Pièces de Lucas de Leyde; A. Durer; copies d'après Durer, etc. 76 pièces.

573 — Figures et paysages. 30 pièces.

574 **Divers.** Animaux et paysages. 55 pièces.

575 — Figures et paysages. 21 pièces.

576 — Figures et paysages. 90 pièces.

577 — Figures et paysages. 53 pièces.

578 — Portrait de N. Poussin. Épreuve avant toute lettre.

579 **Drevet** (P.). Louis XIV en pied, revêtu du manteau royal, d'après Rigaud. Épreuve superbe encadrée.

580 — Charles-Jérôme de Cisternay-Dufay, capitaine aux gardes françaises, d'après Rigaud. Charmant portrait in-8°. Superbe épreuve avant toute lettre. *Très-rare.*

— Le même. Très-belle épreuve avec la lettre.

581 — Duc de Villars, d'après Rigaud. In-fol. Très-belle épreuve.

582 — Samuel Bernard, d'après Rigaud. Très-belle épreuve.

583 — Robert de Cotte, d'après Rigaud. In-fol. Très-belle épreuve.

584 — Adrienne Lecouvreur, d'après Coypel. In-fol. Belle épreuve.

585 — Hyacinthe Rigaud, d'après lui-même. In-fol. Très-belle épreuve.

586 **Drevet** (P.). Jean Forest, peintre, d'après Largillière. In-fol. Très-belle épreuve.

587 — Louis, duc d'Orléans. Petit in-fol. Très-belle épreuve.

588 — Maria Serre, mère d'Hyacinthe Rigaud. In-fol. Belle épreuve.

589 **Drouais** (d'après). Les Enfants du roi de Sardaigne jouant avec une marmotte, gravé par Meliny; Enfants jouant avec un chien, gravé par Beauvarlet. 2 pièces. Très-belles épreuves.

590 **Dupuis** (N.). Wouvermans, d'après C. Vischer. In-fol. Épreuve avant toute lettre.

591 — Lenormant de Tournehem, d'après Toqué. In-fol. Très-belle épreuve.

592 **Durer** (Albert). La Vierge couronnée par un ange; la Vierge couronnée par deux anges; saint Christophe à la tête retournée. 3 pièces.

593 — Saint Jérôme en pénitence, très-belle épreuve.

594 — Jésus au jardin des Oliviers; la sainte Face; l'Oisiveté ou le Songe: la Mélancolie; les Quatre femmes nues; l'enlèvement d'Amymone; la Jalousie; la Justice, etc. 10 pièces. *Ce numéro pourra être divisé.*

595 — **Dusart** (Corneille). La Fête de village; le Joueur de violon; le Cordonnier, etc. 5 pièces.

596 **Earlom.** Fleurs et Fruits, d'après Van Huysum. 2 belles pièces.

597 **Edelinck** (Gerard). Sainte Famille, d'après Raphaël. Superbe épreuve avant les armes. *Rare.*

598 — La Maddeleine, d'après Lebrun. Très-belle épreuve encadrée.

599 **Eisen**, père. Amusement de la jeunesse. 2 pièces gravées par N. Dupuis et Carmona.

600 **Fessart.** Mme de Bourgevin de Moligny de Vialart, d'après Martin. In-folio. Belle épreuve.

601 **Fiquet.** Corneille, Descartes, Lafontaine, Molière, Voltaire, Crébillon, Lamothe-Levayer, Montaigne, J.-B. et J.-J. Rousseau, Regnard, plus Boileau, par Savart. 12 portraits dans deux cadres.

602 — Crébillon, Descartes, Lafontaine; Molière, 2 épreuves dont une très-belle; J.-J. Rousseau, Mme de Maintenon. 9 pièces.

603 **Fragonard.** Bacchanales. 3 jolies pièces à l'eau forte.

604 **Fragonard** (d'après). Le Petit prédicateur; les Beignets. 2 jolies pièces gravées par N. Delaunay. Très-belles épreuves avec grandes marges.

605 — L'Éducation fait tout. Jolie pièce gravée par N. Delaunay. Très-belle épreuve avec grandes marges.

606 **Fragonard** (d'après). La Cachette découverte, gravé par R. Delaunay. Très-belle épreuve avec grandes marges.

607 — Contes de Lafontaine. 17 pièces. Très-belles épreuves.

608 — Les Baisers. 2 jolies pièces, gravées par Marchand. Très-belles épreuves encadrées.

609 — Le Temps orageux, gravé par Mathieu; le Retour des champs d'après Claude Lorrain, par Godefroy. 2 pièces. Très-belles épreuves.

610 — La Famille du fermier, gravé par Beauvarlet. Très-belle épreuve encadrée.

611 **Freudeberg** (d'après). La Félicité villageoise, gravé par Delignon; l'Abus de la crédulité, par Delaunay, d'après Aubry. 2 pièces. Très-belles épreuves avec grandes marges.

612 — La Gaîté conjugale, gravé par N. Delaunay. Très-belle épreuve avec grandes marges.

613 **Fyt** (Jean). Deux Chiens courants. B. 12; les Deux lévriers accouplés, 13; deux Dogues couchés, 15; le Chien alléché par le gibier, 16. 4 pièces.

614 **Gaillard**. François Castanier, d'après Rigaud. In-fol. Épreuve superbe avec marges.

615 **Gellée** (Claude), dit *le Lorrain*. La Fuite en Égypte; la Danse sous les arbres; le Troupeau à l'abreuvoir; le

Campo vaccino; le Berger et la Bergère en conversation; l'Enlèvement d'Europe; les Quatre chèvres; Mercure et Argus, etc. 20 pièces. *Ce numéro pourra être divisé.*

616 **Gérard** (Mlle). Les Regrets mérités. Jolie pièce gravée par N. Delaunay. Très-belle épreuve avec grandes marges.

617 **Gillot.** Thétis; Neptune; Flore; Bacchus; Diane. 5 jolies pièces arabesques.

618 — La Naissance; l'Éducation; le Mariage; les Obsèques; Fête de Diane; Fête du dieu Pan; de Bacchus; de Faune. 8 pièces.

619 **Goltzius.** Nicquet. Joli portrait in 8°. Très-belle épreuve.

620 — Jean Bol. In-fol. Épreuve superbe.

621 **Greuze.** La Cruche cassée, charmante pièce gravée par J. Massard en 1773. Superbe épreuve avant la lettre. *Rare.* Encadrée.

622 — L'Oiseau mort, gravé par Flipart; charmante pièce superbe, épreuve avant toute lettre, dans un cadre en bois sculpté.

623 — Jeune Fille pleurant sur son oiseau mort, jolie pièce gravée par Flipart. Très-belle épreuve.

624 **Greuze.** Jeune Mère faisant dire le *Benedicite* à ses deux enfants. Tres-belle épreuve avant toute lettre, encadrée.

625 — La Malédiction d'un père; le Fils puni. 2 belles et grandes pièces gravées par Gaillard. Superbes épreuves avant la lettre.

626 — L'Accordée de village; le Paralytique. 2 pièces gravées par Flipart. 2 pièces, belles épreuves encadrées.

627 — La Lecture de la Bible, gravé par Martenasie. Très-belle épreuve encadrée.

628 — La Belle Pénitente, gravé par Levassseur; la Petite Sœur, par Haver. 2 pièces.

629 **Heemskerke** (Martin). Fuite en Égypte. Pièce originale du maître.

630 **Houbraken** (Jacques). Van Geel, peintre. In-folio. Epreuve avant la lettre.

631 **Italie** (Ecole d'). Sainte Famille, par Camille Procaccini; la Vierge et l'Enfant Jésus, de l'école du Guide; la Vierge donnant le sein à l'Enfant Jésus, par Augustin Carrache, etc. 23 pièces.

632 **Jode** (P. de). Saint François en adoration devant l'Enfant Jésus. Épreuve superbe.

633 **Janinet** (manière de). Jeune Homme assis, entourant la taille d'une jeune fille. Jolie pièce en couleur.

634 **Janson.** Paysages et animaux, 24 pièces à l'eau-forte.

635 **Jeaurat** (E.). N. Vleughels, d'après Ant. Pesne. In-fol. Très-belle épreuve.

636 **Laer** (P. de). Les Buffles. B. 7. Très-belle épreuve.

637 — Le Cheval buvant, B. 10. Les Deux Cavaliers, 17. La Femme assise, 19. 3 pièces.

638 **Larmessin** (N. de). Guillaume Coustou, sculpteur, d'après de Lien. In-fol. Très-belle épreuve.

639 **Lawreince** (d'après). L'assemblée au salon, gravé par Dequevauvillers. Superbe épreuve avant la dédicace.

640 — L'Heureux moment; charmante pièce gravée par N. Delaunay. Superbe épreuve, avec grandes marges.

641 — La Consolation de l'absence; charmante pièce gravée par N. Delaunay. Épreuve superbe, avec grandes marges.

642 — Les Soins mérités, gravé par Delaunay jeune. Très-belle épreuve, avec grandes marges.

643 — L'Innocence en danger, gravé par Caquet. Très-belle épreuve.

644 **Lemire** (N.). Plafond de la salle de spectacle de Bordeaux, d'après J. Robin.

645 **Lempereur.** Etienne Jeaurat, d'après Roslin. In-folio. Très-belle épreuve.

646 **Lepautre.** Cartouches, Frises, Montants d'ornements, etc. 20 pièces.

647 — Labelle, etc. 11 pièces. Vases. Très-belles épreuves.

648 **Lépicié.** Louis de Boullongne, peintre, d'après Rigaud. In-folio. Belle épreuve.

649 — Pierre Grassin, directeur général des monnaies, d'après Largillière. In-fol. Très-belle épreuve.

650 **Leprince** (d'après). Le Bonheur du ménage; l'Enfant chéri. 2 pièces gravées par Delaunay. Grandes marges.

651 **Leyde** (Lucas de). Abraham renvoyant Agar; David tenant la tête de Goliath; deux Ronds, ornements avec des Amours; les Enfants guerriers. 4 pièces. Belles épreuves.

652 — Saint Jean; Caïn tuant Abel; Esther et Assuérus; la Femme à la biche, etc.; plus diverses copies. 20 pièces.

653 **Loutherbourg** (d'après). Deux Paysages, avec figures, gravés par C. Guérin. Très-belles épreuves avant la lettre.

654 **Marcenay** (de). Villars. In-8°. Epreuve avant toute lettre.

655 **Marot** (Daniel). La Grande Salle d'audience de la Haye. Grande et belle pièce.

656 **Marot** (Jean). Vue du Louvre. Très-belle épreuve.

657 **Martini**. L'Exposition au Salon du Louvre en 1785 et 1787. 2 pièces.

658 **Mercuri**. Les Moissonneurs, d'après Léop. Robert. Epreuve du journal *l'Artiste*, tirée sur Chine.

659 **Moitte**. Jean Restout, d'après Delatour. In-folio.

660 **Monsaldy** et **Devisme**. Exposition de peinture en 1785. Très-belle épreuve avant toute lettre.

Exposition de l'an VIII, en 2 planches. Très-belles épreuves.

661 **Moreau** jeune. Les petits Parrains, gravé par Baquoy et Patas. Très-belle épreuve avant la lettre.

662 — La petite Loge, gravé par Patas. Très-belle épreuve avant la lettre.

663 — Le Lever, la Toilette, 3 pièces gravés par Halbou, Martini et Romanet. Très-belles épreuves avant la lettre.

664 — Sacre de Louis XVI. Encadré.

665 **Moreau** jeune. Couronnement de Voltaire, gravé par Gaucher; place Louis XV, par Taraval. 2 pièces.

666 **Muller** (J.-G.). Jean-George Wille, d'après Greuze. In-fol. Très-belle épreuve.

667 — Mme Lebrun. In-fol. Belle épreuve.

668 **Naudet** (à Paris chez). La Désolation des Filles de joie. A l'eau forte, très-belle épreuve.

669 **Norblin**. 85 pièces.

670 **Ostade** (Adrien Van). 41 pièces.

671 **Oudry** (J.-B.). Sujets de chasse. Frontispice, R. D., 1; le Chevreuil forcé, 2; le Renard vaincu, 3; le Loup aux abois, 4. Suite de 4 pièces; très-belles épreuves du troisième état. — Le Renard vaincu; très-belle épreuve du deuxième état.

672 **Oudry** (d'après). Combat domestique, gravé par Demarteau.

673 **Panini** (d'après). Vues intérieures de Saint-Pierre, de la chapelle Sixtine. 6 pièces.

674 **Paterre** (d'après). Le Glouton, gravé par Fillœul; les Aveux indiscrets. 2 pièces.

675 **Penez** (George). Virginius tuant sa fille; mort de Lu-

crèce; Arthémise; Médée; Judith; Régulus; Diane changeant Actéon en cerf. 16 pièces. *Ce numéro pourra être divisé.*

676 **Picart** (B.), 1715. Massacre des Innocents. Très-belle épreuve encadrée.

677 **Poilly** (N.). Gabriel de Beauveau, évêque de Nantes. In-fol. Belle épreuve.

678 **Pompadour** (Mme de), 1752. Deux jolies vignettes représentant le Printemps et l'Automne. Très-belles épreuves.

679 **Porporati**. La Mort d'Abel, d'après Vanderverf. Belle épreuve encadrée.

680 **Prud'hon**. Phrosine et Mélidor; choisir l'objet; l'enflammer; en jouir. 4 jolies pièces. Très-belles épreuves avant la lettre.

681 **Ramponeau** (Cabaret de), avec le portrait du personnage au bas. Très-belle épreuve.

682 **Raphaël** (d'après). Ezéchiel, gravé par Longhi. Très-belle épreuve avant la lettre sur papier de Chine.

683 **Rembrandt.** Abraham avec son fils Isaac. C. 39. Belle épreuve.

684 — L'Ange disparaissant aux yeux de la famille de Tobie, C. 47, avant les travaux dans le coin du bas à gauche.

685 **Rembrandt.** Jésus chassant les marchands du temple, B. 73; Jésus en croix, 84; Martyre de saint Étienne, 100. 3 pièces. Épreuves faibles.

686 — La Samaritaine, 74. Belle épreuve.

687 — Petite résurrection de Lazare, C. 76.

688 — Martyre de saint Étienne, C. 100. Très-belle épreuve.

689 — La Médée ou le Mariage de Jason et de Creuze, C. 114. Belle épreuve du 3e état. Elle porte au dos la signature de *P. Mariette*, 1672.

690 — La Jeunesse surprise par la mort, 111; les Musiciens ambulants, 121; la Faiseuse de kouks, 126; le Persan, 149. 4 pièces.

691 — La Fortune contraire, C. 113. Très-belle épreuve.

692 — Gueux debout, 160; Gueux et Gueuse, 161; deux Mendiants à côté d'une butte, 162; Vieille mendiante, 167; Paysan déguenillé les mains derrière le dos, 169; Gueux estropié, 176. 6 pièces.

693 — Mendiants à la porte d'une maison, 173; l'Espiègle, C. 185. Belle épreuve du 4e état.

694 — Femme nue les pieds dans l'eau, 197.

695 — Le Paysage au dessinateur, C. 216.

696 **Rembrandt**. Paysage à la vache qui s'abreuve, 234.

697 — Jean Lutma, C. 273. Belle épreuve.

698 — La Mauresse blanche, C. 347. Très-belle épreuve du 2e état.

699 — Feuille avec six têtes, 355; Trois têtes de femmes dont une qui dort, 358. 2 pièces.

700 — Rembrandt dessinant; la Circoncision; Jeune homme en buste. 3 pièces.

701 — Annonciation aux bergers; Étoile des rois; Adoration des bergers; Fuite en Égypte; Descente de croix: Jésus porté au tombeau; Retour de l'Enfant prodigue; la Mort de la Vierge; Triomphe de Mardochée, etc. 109 pièces y compris des copies d'après le maître. *Ce numéro pourra être divisé.*

702 — Asselyn, 2 épreuves; Jean Silvius; Abraham France. 2 épreuves. 5 pièces.

703 **Rembrandt** et son École. La Samaritaine, épreuve faible; copies de diverses pièces; Jean Lutma, par Lutma, etc. 15 pièces.

704 **Rembrandt** (école de). La Nativité. Cl. Suppl., page 107, no 9. Petit morceau d'un bel effet. *Rare*. Très-belle épreuve.

705 **Ribera**. Saint Pierre priant; saint Jérôme méditant. 2 pièces.

706 **Romanet.** Sommeil de Vénus, d'après le Titien. Superbe épreuve avant la lettre.

707 **Roos** (Henri). La Haie, B. 14; les Chèvres et les Chevreaux, 22; le Groupe de cinq moutons, 23; les Moutons près de la colonne, 25; le Taureau couché, 26: l'Ane et les Moutons, 28. 5 pièces.

708 **Roos** (Melchior). Un bœuf debout vu de face. B. vol. 4. Copie par Bartsh de cette pièce dont l'original est extrêmement rare.

709 **Rubens** (d'après). Cavaliers enlevant deux jeunes femmes. Très-belle épreuve avant toute lettre.

710 **Ruysdaël**. 3 paysages à l'eau forte, plus une copie.

711 **Sadeler** (Gilles). Barthélemy Spranger et sa femme séparés par la mort. In-fol. Très-belle épreuve.

712 **Saint-Aubin** (Augustin de). Jeune fille vue de profil tournée à droite. Très-belle épreuve.

713 — Lekain, d'après Lenoir. Très-belle épreuve avant la lettre.

714 — An XII. Médaillon de Napoléon soutenu par des figures allégoriques. Jolie pièce in-fol.

715 **Savart.** Boileau. 1re et très belle épreuve, avec l'adresse écrite : *Fond-Taraby*; Racine; Montesquieu. 3 pièces.

716 **Schmidt** (G.-F.). Quentin de La Tour à une fenêtre, riant, d'après lui-même. Beau portrait in-fol.

717 — Présentation au temple, d'après Dietrich; Peter Wolfgang Bock, par L.-Em. Grimm. 2 pièces. Très-belles épreuves.

718 **Sergent.** Le Baquet de Mesmer. Jolie petite pièce en couleur.

719 **Smith** (J.). Godefroy Schalken, d'après lui-même. In-fol. Très-belle épreuve.

720 **Soutman,** *excud.* Silène ivre, d'après Rubens. Très-belle épreuve.

721 **Stoop.** Le Cavalier au galop. B. 1. Le Cheval attaché par la bride, 4. Le Cheval buvant dans un bassin, 8. Le Cheval attaché par le licou, 9. 4 pièces.

722 **Strange.** Charles Ier debout, à gauche, en avant de son cheval, d'après Van-Dyck. Très-belle épreuve encadrée.

723 — Diva Magdalena, d'après le Corrège. Très-belle épr. d'une jolie pièce.

724 — Didon, d'après le Guerchin. Belle épreuve encadrée.

725 **Strange.** Le Retour du marché, d'après Wouwermans. Très-belle épreuve encadrée.

726 **Tardieu** (J.). Marie, princesse de Pologne, reine de France, d'après Nattier. In-fol. Belle épreuve encadrée.

727 — Jean-Baptiste Oudry, d'après Largillière. In-folio. Belle épreuve.

728 **Teniers** (David). Buste de vieillard tourné à droite, et tenant une pipe.

729 **Thevenin** (C.). La Prise de la Bastille. Belle pièce à l'eau-forte.

730 **Toschi** (P.). Portrait d'homme assis, d'après Gérard. Epreuve avant la lettre.

731 **Trouvain.** Portrait de Jouvenet, d'après lui-même. In-folio. Belle épreuve.

732 **Vangorp** (d'après). C'est papa! gravé par N. Delaunay. Très-belle épreuve, avec grandes marges.

733 **Vanloo** (d'après). Le Coucher. Très-belle épreuv avant toute lettre. Encadrée.

734 — La Peinture, la Sculpture, l'Architecture et la Musique. Jolie suite de 4 pièces gravées par Fessard. Très-belles épreuves.

735 **Vanloo** (d'après). Mars et Vénus. Jolie pièce gravée par Ravenet. Très-belle épreuve.

736 **Vermeulen**. Meyercron, d'après Rigaud. In-fol. Belle épreuve.

737 **Vernet** (Horace). La Smala, gravé par Boudet. Grande pièce. Très-belle épreuve avant la lettre.

738 **Vischer** (C.). Le Marchand de mort-aux-rats; la Bohémienne; la Fricasseuse. 3 pièces.

739 **Watteau** (d'après). Fêtes vénitiennes, gravé par Laurent Cars. Très-belle épreuve.

740 — L'Assemblée galante, l'une des plus charmantes compositions du maître, gravée par Lebas. Très-belle épr.

741 — La Danse paysanne. Gravé par B. Audran.

742 — La Fileuse; la Marmotte; Retour de campagne; Bustes de jeunes femmes. 9 pièces.

743 **Weirotter**. 66 pièces.

744 — 100 pièces.

745 **Wille**. Les Musiciens ambulants; les Offres réciproques. 2 pièces, d'après Dietricy. Belles épreuves.

746 — Les Musiciens ambulants, d'après Dietricy. Très-belle épreuve encadrée.

747 **Wille.** La Tricoteuse hollandaise, d'après Mieris. Belle épreuve encadrée.

748 — Le Jeune Joueur d'instruments, d'après Schalken. Très-belle épreuve encadrée.

749 — La Mort de Marc-Antoine, d'après Battoni. Encadré.

750 — La Bonne Femme de Normandie; Sœur de la bonne femme; la Bonne Mère sans souci, gravé par Chevillet, etc. 5 pièces.

751 — La Tante de Gérard Dow. Superbe épreuve avant la lettre.

752 — Cléopâtre, d'après Netscher. Très-belle épreuve.

753 — Comte de Saint-Florentin, d'après Toqué. In-folio.

754 — Jean-Baptiste Massé, d'après Toqué. In-folio.

755 **Ville** fils. Jeune Fille assise tenant une lettre; autre tenant un chien sur ses geuoux. 2 pièces. Très-belles épreuves avant toute lettre.

756 **Wollet.** Bataille de la Hogue; Mort du général Wolff. 2 pièces, d'après B. West. Superbes épreuves encadrées.

757 — Beau paysage, d'après G. Smith of Chichester. Epreuve superbe.

758 **Wollet.** Rubens, d'après Van Dyck. Très-belle épreuve encadrée.

759 **Wyck** (Thomas). Les Joueurs, B. 2, 2 épreuves; la Couseuse, 3. 3 pièces.

760 — Les Cuisinières près du puits, B. 13. Très-belle épreuve.

761 **Zagel** (Martin). La décollation de sainte Barbe, B. 9. Très belle épreuve doublée.

762 — Sous ce numéro seront vendues, par lots, les estampes non cataloguées.

LIVRES

---

763 Courses de têtes et de bagues faites par le roi, et par les princes et les seigneurs de sa cour en l'année 1662. Paris, imprimerie royale, 1662. 1 vol. in-fol., figures d'Is. Silvestre, demi-rel.

764 Les hommes illustres, par M. Perrault, Aris.-Ant. Dezallier, 1696. 2 vol. en un seul, rel. veau. 103 portraits.

765 Le sacre de Louis XV dans l'église de Reims, le dimanche 25 octobre 1722. Grand et beau volume contenant un grand nombre de planches, relié aux armes royales.

766 Fête donnée par la ville de Paris, à l'occasion du mariage du Dauphin, le 13 février 1747. Grand et beau vol. avec figures, maroquin rouge aux armes de la ville de Paris.

767 Histoire de la ville de Paris, par Michel Félibien, revue, augmentée et mise au jour par D. Guy-Alexis Lobineau. Paris, G. Desprez et J. Desessartz, 1725. 5 vol. in-fol. avec figures.

768 Galerie de Vienne. 1735. In-fol. Figures.

769 Collection de 120 estampes gravées d'après les tableaux et dessins qui composaient le cabinet de M. Poullain. Paris, chez Basan et Poignant, 1781.

770 Recueil d'estampes gravées d'après les tableaux du cabinet de M. le duc de Choiseul. Basan, 1771.

771 Voyage pittoresque à Naples et en Sicile, par Richard de Saint-Non. Paris, Houdaille, 1836. 3 vol. in-fol., demi-rel., contenant un grand nombre de planches.

772 La vie des peintres flamands, allemands et hollandais, par J. B. Descamps. Paris, Ant. Jombert, 1753 à 1763. 5 vol. in-8°, rel. vél. ec., avec grand nombre de portraits, la plupart gravés par Fiquet.

773 Le peintre graveur, par Adam Bartsch. Vienne. 1803. 21 vol. demi-rel.

774 Manuel de l'amateur d'estampes, par Joubert. Paris, chez l'auteur. 1821. 3 vol. in-8°, demi-rel.

775 Dictionnaire des monogrammes, par Brulliot. Munich, 1832-1834. 3 vol. in-4°, demi-rel.

776 Catalogue de Rembrandt, par Gersaint. Paris, 1751. 1 vol.

777 Catalogue de l'œuvre de Rembrandt, par Claussin, avec le supplément. 2 vol. en un seul, demi-rel.

778 Catalogue du cabinet de feu M. Mariette, par Basan. Paris, 1775. In-8°. Fig. avec les prix.

779 Catalogue du cabinet de feu M. de Silvestre, par Regnault-Delalande. Paris, 1810. 1 vol. in-8°, demi-rel.

780 Catalogue du cabinet de M. le comte Rigal, par Regnault-Delalande. Paris, 1817. 1 vol. in-8°, demi-rel. avec les prix.

781 Vies des peintres, sculpteurs et architectes, traduites de G. Vasari, par Leclanché et Jeanron. Paris. Tessier, 1840 à 1842. 10 vol. in-8°. Fig., demi-rel.

782 Dictionnaire des artistes de l'école française au XIXe siècle, par Ch. Gabet. Paris. Mme Vergne, 1831. 1 vol. in-8°, demi-rel.

783 Notice des émaux, bijoux et objets divers exposés dans les galeries du musée au Louvre, par M. De Laborde. Paris, 1853. 2 vol., demi-rel.

784 Album de papier blanc pour estampes ou dessins. Petit in-fol, reliure très-riche.

www.ingramcontent.com/pod-product-compliance
Ingram Content Group UK Ltd.
Pitfield, Milton Keynes, MK11 3LW, UK
UKHW020347180726
13839UKWH00002B/964